Närvarorloggbok för lärare

Loggboksdetaljer:

Loggens startdatum: ....

Loggboksnummer: ....

Personliga detaljer:

Namn: ....

Adress: ....

....

E-postadress: ....

Mobilnummer: ....

Adress till arbetsplatsen: ....

Startperiod: .... Slutperiod: ....

Månad och år:

Ämne:

Sektion::

Uppgifter:

		Vecka					Vecka				
	Dag	M	T	O	T	F	M	T	O	T	F
Elevens namn:	Anteckningar / Datum										
1.											
2.											
3.											
4.											
5.											
6.											
7.											
8.											
9.											
10.											
11.											
12.											
13.											
14.											
15.											
16.											
17.											
18.											
19.											
20.											
21.											
22.											
23.											
24.											
25.											
26.											
27.											
28.											
29.											
30.											
31.											
32.											
33.											
34.											
35.											
36.											
37.											

Anteckningar

Startperiod: .... Slutperiod: ....

Månad och år:

Ämne:

Sektion::

Uppgifter:

		Vecka					Vecka				
	Dag	M	T	O	T	F	M	T	O	T	F
Elevens namn:	Anteckningar Datum										
1.											
2.											
3.											
4.											
5.											
6.											
7.											
8.											
9.											
10.											
11.											
12.											
13.											
14.											
15.											
16.											
17.											
18.											
19.											
20.											
21.											
22.											
23.											
24.											
25.											
26.											
27.											
28.											
29.											
30.											
31.											
32.											
33.											
34.											
35.											
36.											
37.											

Anteckningar

Startperiod: .... Slutperiod: ....

Månad och år:

Ämne:

Sektion::

		Uppgifter:	Vecka					Vecka				
		Dag	M	T	O	T	F	M	T	O	T	F
Elevens namn:	Anteckningar	Datum										
1.												
2.												
3.												
4.												
5.												
6.												
7.												
8.												
9.												
10.												
11.												
12.												
13.												
14.												
15.												
16.												
17.												
18.												
19.												
20.												
21.												
22.												
23.												
24.												
25.												
26.												
27.												
28.												
29.												
30.												
31.												
32.												
33.												
34.												
35.												
36.												
37.												

Anteckningar

Startperiod: .... Slutperiod: ....

Månad och år:

Ämne:

Sektion::

Uppgifter:

		Vecka					Vecka				
	Dag	M	T	O	T	F	M	T	O	T	F
Elevens namn:	Anteckningar Datum										
1.											
2.											
3.											
4.											
5.											
6.											
7.											
8.											
9.											
10.											
11.											
12.											
13.											
14.											
15.											
16.											
17.											
18.											
19.											
20.											
21.											
22.											
23.											
24.											
25.											
26.											
27.											
28.											
29.											
30.											
31.											
32.											
33.											
34.											
35.											
36.											
37.											

Anteckningar

Startperiod: .... Slutperiod: ....

Månad och år:

Ämne:

Sektion::

Uppgifter:

Elevens namn:	Anteckningar	Vecka					Vecka				
	Dag	M	T	O	T	F	M	T	O	T	F
	Datum										
1.											
2.											
3.											
4.											
5.											
6.											
7.											
8.											
9.											
10.											
11.											
12.											
13.											
14.											
15.											
16.											
17.											
18.											
19.											
20.											
21.											
22.											
23.											
24.											
25.											
26.											
27.											
28.											
29.											
30.											
31.											
32.											
33.											
34.											
35.											
36.											
37.											

Anteckningar

Startperiod: .... Slutperiod: ....

Månad och år:

Ämne:

Sektion::

Uppgifter:

		Vecka					Vecka				
	Dag	M	T	O	T	F	M	T	O	T	F
Elevens namn:	Anteckningar Datum										
1.											
2.											
3.											
4.											
5.											
6.											
7.											
8.											
9.											
10.											
11.											
12.											
13.											
14.											
15.											
16.											
17.											
18.											
19.											
20.											
21.											
22.											
23.											
24.											
25.											
26.											
27.											
28.											
29.											
30.											
31.											
32.											
33.											
34.											
35.											
36.											
37.											

Anteckningar

Startperiod: .... Slutperiod: ....

Månad och år:

Ämne:

Sektion::

Uppgifter:

Elevens namn:	Anteckningar	Vecka					Vecka				
	Dag	M	T	O	T	F	M	T	O	T	F
	Datum										
1.											
2.											
3.											
4.											
5.											
6.											
7.											
8.											
9.											
10.											
11.											
12.											
13.											
14.											
15.											
16.											
17.											
18.											
19.											
20.											
21.											
22.											
23.											
24.											
25.											
26.											
27.											
28.											
29.											
30.											
31.											
32.											
33.											
34.											
35.											
36.											
37.											

Anteckningar

Startperiod: .... Slutperiod: ....

Månad och år:		Uppgifter:	Vecka					Vecka				
Ämne:												
Sektion::												
		Dag	M	T	O	T	F	M	T	O	T	F
Elevens namn:	Anteckningar	Datum										
1.												
2.												
3.												
4.												
5.												
6.												
7.												
8.												
9.												
10.												
11.												
12.												
13.												
14.												
15.												
16.												
17.												
18.												
19.												
20.												
21.												
22.												
23.												
24.												
25.												
26.												
27.												
28.												
29.												
30.												
31.												
32.												
33.												
34.												
35.												
36.												
37.												

Anteckningar

Startperiod: .... Slutperiod: ....

Månad och år:

Ämne:

Sektion::

Uppgifter:

		Vecka					Vecka				
	Dag	M	T	O	T	F	M	T	O	T	F
Elevens namn:	Anteckningar Datum										
1.											
2.											
3.											
4.											
5.											
6.											
7.											
8.											
9.											
10.											
11.											
12.											
13.											
14.											
15.											
16.											
17.											
18.											
19.											
20.											
21.											
22.											
23.											
24.											
25.											
26.											
27.											
28.											
29.											
30.											
31.											
32.											
33.											
34.											
35.											
36.											
37.											

Anteckningar

Startperiod: .... Slutperiod: ....

Månad och år:

Ämne:

Sektion::

Uppgifter:

		Vecka					Vecka				
	Dag	M	T	O	T	F	M	T	O	T	F
Elevens namn:	Anteckningar Datum										
1.											
2.											
3.											
4.											
5.											
6.											
7.											
8.											
9.											
10.											
11.											
12.											
13.											
14.											
15.											
16.											
17.											
18.											
19.											
20.											
21.											
22.											
23.											
24.											
25.											
26.											
27.											
28.											
29.											
30.											
31.											
32.											
33.											
34.											
35.											
36.											
37.											

Anteckningar

Startperiod: .... Slutperiod: ....

Månad och år:

Ämne:

Sektion::

Uppgifter:

		Vecka					Vecka				
	Dag	M	T	O	T	F	M	T	O	T	F
Elevens namn:	Anteckningar Datum										
1.											
2.											
3.											
4.											
5.											
6.											
7.											
8.											
9.											
10.											
11.											
12.											
13.											
14.											
15.											
16.											
17.											
18.											
19.											
20.											
21.											
22.											
23.											
24.											
25.											
26.											
27.											
28.											
29.											
30.											
31.											
32.											
33.											
34.											
35.											
36.											
37.											

Anteckningar

Startperiod: .... Slutperiod: ....

Månad och år:

Ämne:

Sektion::

Uppgifter:

			Vecka					Vecka				
		Dag	M	T	O	T	F	M	T	O	T	F
Elevens namn:	Anteckningar	Datum										
1.												
2.												
3.												
4.												
5.												
6.												
7.												
8.												
9.												
10.												
11.												
12.												
13.												
14.												
15.												
16.												
17.												
18.												
19.												
20.												
21.												
22.												
23.												
24.												
25.												
26.												
27.												
28.												
29.												
30.												
31.												
32.												
33.												
34.												
35.												
36.												
37.												

Anteckningar

Startperiod: .... Slutperiod: ....

Månad och år:

Ämne:

Sektion::

Uppgifter:

Elevens namn:	Anteckningar	Vecka					Vecka				
	Dag	M	T	O	T	F	M	T	O	T	F
	Datum										
1.											
2.											
3.											
4.											
5.											
6.											
7.											
8.											
9.											
10.											
11.											
12.											
13.											
14.											
15.											
16.											
17.											
18.											
19.											
20.											
21.											
22.											
23.											
24.											
25.											
26.											
27.											
28.											
29.											
30.											
31.											
32.											
33.											
34.											
35.											
36.											
37.											

Anteckningar

Startperiod: .... Slutperiod: ....

Månad och år:

Ämne:

Sektion::

		Uppgifter:	Vecka					Vecka				
		Dag	M	T	O	T	F	M	T	O	T	F
Elevens namn:	Anteckningar	Datum										
1.												
2.												
3.												
4.												
5.												
6.												
7.												
8.												
9.												
10.												
11.												
12.												
13.												
14.												
15.												
16.												
17.												
18.												
19.												
20.												
21.												
22.												
23.												
24.												
25.												
26.												
27.												
28.												
29.												
30.												
31.												
32.												
33.												
34.												
35.												
36.												
37.												

Anteckningar

Startperiod: .... Slutperiod: ....

Månad och år:

Ämne:

Sektion::

	Uppgifter:	Vecka					Vecka				
	Dag	M	T	O	T	F	M	T	O	T	F
Elevens namn:	Anteckningar / Datum										
1.											
2.											
3.											
4.											
5.											
6.											
7.											
8.											
9.											
10.											
11.											
12.											
13.											
14.											
15.											
16.											
17.											
18.											
19.											
20.											
21.											
22.											
23.											
24.											
25.											
26.											
27.											
28.											
29.											
30.											
31.											
32.											
33.											
34.											
35.											
36.											
37.											

Anteckningar

Startperiod: .... Slutperiod: ....

Månad och år:

Ämne:

Sektion::

Uppgifter:

Elevens namn:	Anteckningar	Dag / Datum	Vecka					Vecka				
			M	T	O	T	F	M	T	O	T	F
1.												
2.												
3.												
4.												
5.												
6.												
7.												
8.												
9.												
10.												
11.												
12.												
13.												
14.												
15.												
16.												
17.												
18.												
19.												
20.												
21.												
22.												
23.												
24.												
25.												
26.												
27.												
28.												
29.												
30.												
31.												
32.												
33.												
34.												
35.												
36.												
37.												

Anteckningar

Startperiod: .... Slutperiod: ....

Månad och år:

Ämne:

Sektion::

Uppgifter:

		Vecka					Vecka			
	Dag	M	T	O	T	F	M	T	O	T	F
Elevens namn:	Anteckningar Datum									
1.										
2.										
3.										
4.										
5.										
6.										
7.										
8.										
9.										
10.										
11.										
12.										
13.										
14.										
15.										
16.										
17.										
18.										
19.										
20.										
21.										
22.										
23.										
24.										
25.										
26.										
27.										
28.										
29.										
30.										
31.										
32.										
33.										
34.										
35.										
36.										
37.										

Anteckningar

Startperiod: .... Slutperiod: ....

Månad och år:

Ämne:

Sektion::

Uppgifter:

Elevens namn:	Anteckningar	Vecka					Vecka				
	Dag	M	T	O	T	F	M	T	O	T	F
	Datum										
1.											
2.											
3.											
4.											
5.											
6.											
7.											
8.											
9.											
10.											
11.											
12.											
13.											
14.											
15.											
16.											
17.											
18.											
19.											
20.											
21.											
22.											
23.											
24.											
25.											
26.											
27.											
28.											
29.											
30.											
31.											
32.											
33.											
34.											
35.											
36.											
37.											

Anteckningar

Startperiod: .... Slutperiod: ....

Månad och år:

Ämne:

Sektion::

Uppgifter:

		Vecka					Vecka				
	Dag	M	T	O	T	F	M	T	O	T	F
Elevens namn:	Anteckningar Datum										
1.											
2.											
3.											
4.											
5.											
6.											
7.											
8.											
9.											
10.											
11.											
12.											
13.											
14.											
15.											
16.											
17.											
18.											
19.											
20.											
21.											
22.											
23.											
24.											
25.											
26.											
27.											
28.											
29.											
30.											
31.											
32.											
33.											
34.											
35.											
36.											
37.											

Anteckningar

Startperiod: ....   Slutperiod: ....

Månad och år:

Ämne:

Sektion::

Uppgifter:

		Vecka					Vecka				
	Dag	M	T	O	T	F	M	T	O	T	F
Elevens namn:	Anteckningar / Datum										
1.											
2.											
3.											
4.											
5.											
6.											
7.											
8.											
9.											
10.											
11.											
12.											
13.											
14.											
15.											
16.											
17.											
18.											
19.											
20.											
21.											
22.											
23.											
24.											
25.											
26.											
27.											
28.											
29.											
30.											
31.											
32.											
33.											
34.											
35.											
36.											
37.											

Anteckningar

Startperiod: .... Slutperiod: ....

Månad och år:

Ämne:

Sektion::

Uppgifter:

		Vecka					Vecka				
	Dag	M	T	O	T	F	M	T	O	T	F
Elevens namn:	Anteckningar / Datum										
1.											
2.											
3.											
4.											
5.											
6.											
7.											
8.											
9.											
10.											
11.											
12.											
13.											
14.											
15.											
16.											
17.											
18.											
19.											
20.											
21.											
22.											
23.											
24.											
25.											
26.											
27.											
28.											
29.											
30.											
31.											
32.											
33.											
34.											
35.											
36.											
37.											

Anteckningar

Startperiod: .... Slutperiod: ....

Månad och år:

Ämne:

Sektion::

Uppgifter:

Vecka | Vecka

Dag / Datum

Elevens namn:	Anteckningar	M	T	O	T	F	M	T	O	T	F
1.											
2.											
3.											
4.											
5.											
6.											
7.											
8.											
9.											
10.											
11.											
12.											
13.											
14.											
15.											
16.											
17.											
18.											
19.											
20.											
21.											
22.											
23.											
24.											
25.											
26.											
27.											
28.											
29.											
30.											
31.											
32.											
33.											
34.											
35.											
36.											
37.											

Anteckningar

Startperiod: .... Slutperiod: ....

Månad och år:		Uppgifter:	Vecka					Vecka				
Ämne:												
Sektion::												
		Dag	M	T	O	T	F	M	T	O	T	F
Elevens namn:	Anteckningar	Datum										
1.												
2.												
3.												
4.												
5.												
6.												
7.												
8.												
9.												
10.												
11.												
12.												
13.												
14.												
15.												
16.												
17.												
18.												
19.												
20.												
21.												
22.												
23.												
24.												
25.												
26.												
27.												
28.												
29.												
30.												
31.												
32.												
33.												
34.												
35.												
36.												
37.												

Anteckningar

Startperiod: .... Slutperiod: ....

Månad och år:

Ämne:

Sektion::

		Uppgifter:	Vecka					Vecka				
		Dag	M	T	O	T	F	M	T	O	T	F
Elevens namn:	Anteckningar	Datum										
1.												
2.												
3.												
4.												
5.												
6.												
7.												
8.												
9.												
10.												
11.												
12.												
13.												
14.												
15.												
16.												
17.												
18.												
19.												
20.												
21.												
22.												
23.												
24.												
25.												
26.												
27.												
28.												
29.												
30.												
31.												
32.												
33.												
34.												
35.												
36.												
37.												

Anteckningar

Startperiod: .... Slutperiod: ....

Månad och år:

Ämne:

Sektion::

Uppgifter:

Dag

Datum

Elevens namn:	Anteckningar	Vecka M	T	O	T	F	Vecka M	T	O	T	F
1.											
2.											
3.											
4.											
5.											
6.											
7.											
8.											
9.											
10.											
11.											
12.											
13.											
14.											
15.											
16.											
17.											
18.											
19.											
20.											
21.											
22.											
23.											
24.											
25.											
26.											
27.											
28.											
29.											
30.											
31.											
32.											
33.											
34.											
35.											
36.											
37.											

Anteckningar

Startperiod: .... Slutperiod: ....

Månad och år:

Ämne:

Sektion::

Uppgifter:

Elevens namn:	Anteckningar	Vecka					Vecka				
	Dag	M	T	O	T	F	M	T	O	T	F
	Datum										
1.											
2.											
3.											
4.											
5.											
6.											
7.											
8.											
9.											
10.											
11.											
12.											
13.											
14.											
15.											
16.											
17.											
18.											
19.											
20.											
21.											
22.											
23.											
24.											
25.											
26.											
27.											
28.											
29.											
30.											
31.											
32.											
33.											
34.											
35.											
36.											
37.											

Anteckningar

Startperiod: .... Slutperiod: ....

Månad och år:

Ämne:

Sektion::

Uppgifter:

	Vecka					Vecka				
Dag	M	T	O	T	F	M	T	O	T	F
Datum										

Elevens namn:	Anteckningar
1.	
2.	
3.	
4.	
5.	
6.	
7.	
8.	
9.	
10.	
11.	
12.	
13.	
14.	
15.	
16.	
17.	
18.	
19.	
20.	
21.	
22.	
23.	
24.	
25.	
26.	
27.	
28.	
29.	
30.	
31.	
32.	
33.	
34.	
35.	
36.	
37.	

Anteckningar

Startperiod: .... Slutperiod: ....

Månad och år:

Ämne:

Sektion::

Uppgifter:

Elevens namn:	Anteckningar	Vecka					Vecka				
	Dag ↗	M	T	O	T	F	M	T	O	T	F
	Datum ↗										
1.											
2.											
3.											
4.											
5.											
6.											
7.											
8.											
9.											
10.											
11.											
12.											
13.											
14.											
15.											
16.											
17.											
18.											
19.											
20.											
21.											
22.											
23.											
24.											
25.											
26.											
27.											
28.											
29.											
30.											
31.											
32.											
33.											
34.											
35.											
36.											
37.											

Anteckningar

Startperiod: .... Slutperiod: ....

Månad och år:

Ämne:

Sektion::

Uppgifter:

		Vecka					Vecka				
	Dag	M	T	O	T	F	M	T	O	T	F
Elevens namn:	Anteckningar Datum										
1.											
2.											
3.											
4.											
5.											
6.											
7.											
8.											
9.											
10.											
11.											
12.											
13.											
14.											
15.											
16.											
17.											
18.											
19.											
20.											
21.											
22.											
23.											
24.											
25.											
26.											
27.											
28.											
29.											
30.											
31.											
32.											
33.											
34.											
35.											
36.											
37.											

Anteckningar

Startperiod: .... Slutperiod: ....

Månad och år:

Ämne:

Sektion::

Uppgifter:

Elevens namn:	Anteckningar	Vecka					Vecka				
	Dag	M	T	O	T	F	M	T	O	T	F
	Datum										
1.											
2.											
3.											
4.											
5.											
6.											
7.											
8.											
9.											
10.											
11.											
12.											
13.											
14.											
15.											
16.											
17.											
18.											
19.											
20.											
21.											
22.											
23.											
24.											
25.											
26.											
27.											
28.											
29.											
30.											
31.											
32.											
33.											
34.											
35.											
36.											
37.											

Anteckningar

Startperiod: .... Slutperiod: ....

Månad och år:

Ämne:

Sektion::

Uppgifter:

		Vecka					Vecka				
	Dag	M	T	O	T	F	M	T	O	T	F
Elevens namn:	Anteckningar Datum										
1.											
2.											
3.											
4.											
5.											
6.											
7.											
8.											
9.											
10.											
11.											
12.											
13.											
14.											
15.											
16.											
17.											
18.											
19.											
20.											
21.											
22.											
23.											
24.											
25.											
26.											
27.											
28.											
29.											
30.											
31.											
32.											
33.											
34.											
35.											
36.											
37.											

Anteckningar

Startperiod: .... Slutperiod: ....

Månad och år:

Ämne:

Sektion::

Uppgifter:

		Vecka					Vecka				
	Dag	M	T	O	T	F	M	T	O	T	F
Elevens namn:	Anteckningar Datum										
1.											
2.											
3.											
4.											
5.											
6.											
7.											
8.											
9.											
10.											
11.											
12.											
13.											
14.											
15.											
16.											
17.											
18.											
19.											
20.											
21.											
22.											
23.											
24.											
25.											
26.											
27.											
28.											
29.											
30.											
31.											
32.											
33.											
34.											
35.											
36.											
37.											

Anteckningar

Startperiod: .... Slutperiod: ....

Månad och år:

Ämne:

Sektion::

Uppgifter:

		Vecka					Vecka				
	Dag	M	T	O	T	F	M	T	O	T	F
Elevens namn:	Anteckningar Datum										
1.											
2.											
3.											
4.											
5.											
6.											
7.											
8.											
9.											
10.											
11.											
12.											
13.											
14.											
15.											
16.											
17.											
18.											
19.											
20.											
21.											
22.											
23.											
24.											
25.											
26.											
27.											
28.											
29.											
30.											
31.											
32.											
33.											
34.											
35.											
36.											
37.											

Anteckningar

Startperiod: .... Slutperiod: ....

Månad och år:		Uppgifter:	Vecka					Vecka				
Ämne:												
Sektion::												
		Dag	M	T	O	T	F	M	T	O	T	F
Elevens namn:	Anteckningar	Datum										
1.												
2.												
3.												
4.												
5.												
6.												
7.												
8.												
9.												
10.												
11.												
12.												
13.												
14.												
15.												
16.												
17.												
18.												
19.												
20.												
21.												
22.												
23.												
24.												
25.												
26.												
27.												
28.												
29.												
30.												
31.												
32.												
33.												
34.												
35.												
36.												
37.												

Anteckningar

Startperiod: .... Slutperiod: ....

Månad och år:

Ämne:

Sektion::

Uppgifter:

		Vecka					Vecka				
	Dag	M	T	O	T	F	M	T	O	T	F
Elevens namn:	Anteckningar Datum										
1.											
2.											
3.											
4.											
5.											
6.											
7.											
8.											
9.											
10.											
11.											
12.											
13.											
14.											
15.											
16.											
17.											
18.											
19.											
20.											
21.											
22.											
23.											
24.											
25.											
26.											
27.											
28.											
29.											
30.											
31.											
32.											
33.											
34.											
35.											
36.											
37.											

Anteckningar

Startperiod: .... Slutperiod: ....

Månad och år:

Ämne:

Sektion::

Uppgifter:

		Vecka					Vecka				
	Dag	M	T	O	T	F	M	T	O	T	F
Elevens namn:	Anteckningar Datum										
1.											
2.											
3.											
4.											
5.											
6.											
7.											
8.											
9.											
10.											
11.											
12.											
13.											
14.											
15.											
16.											
17.											
18.											
19.											
20.											
21.											
22.											
23.											
24.											
25.											
26.											
27.											
28.											
29.											
30.											
31.											
32.											
33.											
34.											
35.											
36.											
37.											

Anteckningar

Startperiod: .... Slutperiod: ....

Månad och år:		Uppgifter:	Vecka					Vecka				
Ämne:												
Sektion::												
		Dag	M	T	O	T	F	M	T	O	T	F
Elevens namn:	Anteckningar	Datum										
1.												
2.												
3.												
4.												
5.												
6.												
7.												
8.												
9.												
10.												
11.												
12.												
13.												
14.												
15.												
16.												
17.												
18.												
19.												
20.												
21.												
22.												
23.												
24.												
25.												
26.												
27.												
28.												
29.												
30.												
31.												
32.												
33.												
34.												
35.												
36.												
37.												

Anteckningar

Startperiod: .... Slutperiod: ....

Månad och år:

Ämne:

Sektion::

Uppgifter:

Elevens namn:	Anteckningar	Vecka					Vecka				
	Dag	M	T	O	T	F	M	T	O	T	F
	Datum										
1.											
2.											
3.											
4.											
5.											
6.											
7.											
8.											
9.											
10.											
11.											
12.											
13.											
14.											
15.											
16.											
17.											
18.											
19.											
20.											
21.											
22.											
23.											
24.											
25.											
26.											
27.											
28.											
29.											
30.											
31.											
32.											
33.											
34.											
35.											
36.											
37.											

Anteckningar

Startperiod: .... Slutperiod: ....

Månad och år:

Ämne:

Sektion::

Uppgifter:

		Vecka					Vecka				
	Dag	M	T	O	T	F	M	T	O	T	F
Elevens namn:	Anteckningar Datum										
1.											
2.											
3.											
4.											
5.											
6.											
7.											
8.											
9.											
10.											
11.											
12.											
13.											
14.											
15.											
16.											
17.											
18.											
19.											
20.											
21.											
22.											
23.											
24.											
25.											
26.											
27.											
28.											
29.											
30.											
31.											
32.											
33.											
34.											
35.											
36.											
37.											

Anteckningar

Startperiod: .... Slutperiod: ....

Månad och år:

Ämne:

Sektion::

Uppgifter:

		Vecka					Vecka				
	Dag	M	T	O	T	F	M	T	O	T	F
Elevens namn:	Anteckningar Datum										
1.											
2.											
3.											
4.											
5.											
6.											
7.											
8.											
9.											
10.											
11.											
12.											
13.											
14.											
15.											
16.											
17.											
18.											
19.											
20.											
21.											
22.											
23.											
24.											
25.											
26.											
27.											
28.											
29.											
30.											
31.											
32.											
33.											
34.											
35.											
36.											
37.											

Anteckningar

Startperiod: .... Slutperiod: ....

Månad och år:		Uppgifter:	Vecka					Vecka				
Ämne:												
Sektion::												
		Dag	M	T	O	T	F	M	T	O	T	F
Elevens namn:	Anteckningar	Datum										
1.												
2.												
3.												
4.												
5.												
6.												
7.												
8.												
9.												
10.												
11.												
12.												
13.												
14.												
15.												
16.												
17.												
18.												
19.												
20.												
21.												
22.												
23.												
24.												
25.												
26.												
27.												
28.												
29.												
30.												
31.												
32.												
33.												
34.												
35.												
36.												
37.												

Anteckningar

Startperiod: .... Slutperiod: ....

Månad och år:

Ämne:

Sektion::

Uppgifter:

Vecka | Vecka

Dag

Datum

Elevens namn:	Anteckningar	M	T	O	T	F	M	T	O	T	F
1.											
2.											
3.											
4.											
5.											
6.											
7.											
8.											
9.											
10.											
11.											
12.											
13.											
14.											
15.											
16.											
17.											
18.											
19.											
20.											
21.											
22.											
23.											
24.											
25.											
26.											
27.											
28.											
29.											
30.											
31.											
32.											
33.											
34.											
35.											
36.											
37.											

Anteckningar

Startperiod: .... Slutperiod: ....

Månad och år:

Ämne:

Sektion::

		Uppgifter:	Vecka					Vecka				
		Dag	M	T	O	T	F	M	T	O	T	F
Elevens namn:	Anteckningar	Datum										
1.												
2.												
3.												
4.												
5.												
6.												
7.												
8.												
9.												
10.												
11.												
12.												
13.												
14.												
15.												
16.												
17.												
18.												
19.												
20.												
21.												
22.												
23.												
24.												
25.												
26.												
27.												
28.												
29.												
30.												
31.												
32.												
33.												
34.												
35.												
36.												
37.												

Anteckningar

Startperiod: .... Slutperiod: ....

Månad och år:

Ämne:

Sektion::

Uppgifter:

		Vecka					Vecka				
	Dag	M	T	O	T	F	M	T	O	T	F
Elevens namn:	Anteckningar Datum										
1.											
2.											
3.											
4.											
5.											
6.											
7.											
8.											
9.											
10.											
11.											
12.											
13.											
14.											
15.											
16.											
17.											
18.											
19.											
20.											
21.											
22.											
23.											
24.											
25.											
26.											
27.											
28.											
29.											
30.											
31.											
32.											
33.											
34.											
35.											
36.											
37.											

Anteckningar

Startperiod: .... Slutperiod: ....

Månad och år:

Ämne:

Sektion::

	Uppgifter:	Vecka					Vecka				
	Dag	M	T	O	T	F	M	T	O	T	F
Elevens namn:	Anteckningar Datum										
1.											
2.											
3.											
4.											
5.											
6.											
7.											
8.											
9.											
10.											
11.											
12.											
13.											
14.											
15.											
16.											
17.											
18.											
19.											
20.											
21.											
22.											
23.											
24.											
25.											
26.											
27.											
28.											
29.											
30.											
31.											
32.											
33.											
34.											
35.											
36.											
37.											

Anteckningar

Startperiod: .... Slutperiod: ....

Månad och år:		Uppgifter:	Vecka					Vecka				
Ämne:												
Sektion::												
		Dag	M	T	O	T	F	M	T	O	T	F
Elevens namn:	Anteckningar	Datum										
1.												
2.												
3.												
4.												
5.												
6.												
7.												
8.												
9.												
10.												
11.												
12.												
13.												
14.												
15.												
16.												
17.												
18.												
19.												
20.												
21.												
22.												
23.												
24.												
25.												
26.												
27.												
28.												
29.												
30.												
31.												
32.												
33.												
34.												
35.												
36.												
37.												

Anteckningar

Startperiod: .... Slutperiod: ....

Månad och år:

Ämne:

Sektion::

Uppgifter:

		Vecka					Vecka				
	Dag	M	T	O	T	F	M	T	O	T	F
Elevens namn:	Anteckningar Datum										
1.											
2.											
3.											
4.											
5.											
6.											
7.											
8.											
9.											
10.											
11.											
12.											
13.											
14.											
15.											
16.											
17.											
18.											
19.											
20.											
21.											
22.											
23.											
24.											
25.											
26.											
27.											
28.											
29.											
30.											
31.											
32.											
33.											
34.											
35.											
36.											
37.											

Anteckningar

Startperiod: .... Slutperiod: ....

Månad och år:

Ämne:

Sektion::

Uppgifter:

		Vecka					Vecka				
	Dag	M	T	O	T	F	M	T	O	T	F
Elevens namn:	Anteckningar Datum										
1.											
2.											
3.											
4.											
5.											
6.											
7.											
8.											
9.											
10.											
11.											
12.											
13.											
14.											
15.											
16.											
17.											
18.											
19.											
20.											
21.											
22.											
23.											
24.											
25.											
26.											
27.											
28.											
29.											
30.											
31.											
32.											
33.											
34.											
35.											
36.											
37.											

Anteckningar

Startperiod: .... Slutperiod: ....

Månad och år:

Ämne:

Sektion::

Uppgifter:

		Vecka					Vecka				
	Dag →	M	T	O	T	F	M	T	O	T	F
Elevens namn:	Anteckningar Datum →										
1.											
2.											
3.											
4.											
5.											
6.											
7.											
8.											
9.											
10.											
11.											
12.											
13.											
14.											
15.											
16.											
17.											
18.											
19.											
20.											
21.											
22.											
23.											
24.											
25.											
26.											
27.											
28.											
29.											
30.											
31.											
32.											
33.											
34.											
35.											
36.											
37.											

Anteckningar

Startperiod: .... Slutperiod: ....

Månad och år:

Ämne:

Sektion::

Uppgifter:

		Vecka					Vecka				
	Dag	M	T	O	T	F	M	T	O	T	F
Elevens namn:	Anteckningar Datum										
1.											
2.											
3.											
4.											
5.											
6.											
7.											
8.											
9.											
10.											
11.											
12.											
13.											
14.											
15.											
16.											
17.											
18.											
19.											
20.											
21.											
22.											
23.											
24.											
25.											
26.											
27.											
28.											
29.											
30.											
31.											
32.											
33.											
34.											
35.											
36.											
37.											

Anteckningar

Startperiod: .... Slutperiod: ....

Månad och år:

Ämne:

Sektion::

Uppgifter:

		Vecka					Vecka				
	Dag	M	T	O	T	F	M	T	O	T	F
Elevens namn:	Anteckningar Datum										
1.											
2.											
3.											
4.											
5.											
6.											
7.											
8.											
9.											
10.											
11.											
12.											
13.											
14.											
15.											
16.											
17.											
18.											
19.											
20.											
21.											
22.											
23.											
24.											
25.											
26.											
27.											
28.											
29.											
30.											
31.											
32.											
33.											
34.											
35.											
36.											
37.											

Anteckningar

Startperiod: .... Slutperiod: ....

Månad och år:		Uppgifter:	Vecka					Vecka				
Ämne:												
Sektion::												
		Dag	M	T	O	T	F	M	T	O	T	F
Elevens namn:	Anteckningar	Datum										
1.												
2.												
3.												
4.												
5.												
6.												
7.												
8.												
9.												
10.												
11.												
12.												
13.												
14.												
15.												
16.												
17.												
18.												
19.												
20.												
21.												
22.												
23.												
24.												
25.												
26.												
27.												
28.												
29.												
30.												
31.												
32.												
33.												
34.												
35.												
36.												
37.												

Anteckningar

Startperiod: .... Slutperiod: ....

Månad och år:

Ämne:

Sektion::

Uppgifter:

		Vecka					Vecka				
	Dag ↗	M	T	O	T	F	M	T	O	T	F
Elevens namn:	Anteckningar Datum ↗										
1.											
2.											
3.											
4.											
5.											
6.											
7.											
8.											
9.											
10.											
11.											
12.											
13.											
14.											
15.											
16.											
17.											
18.											
19.											
20.											
21.											
22.											
23.											
24.											
25.											
26.											
27.											
28.											
29.											
30.											
31.											
32.											
33.											
34.											
35.											
36.											
37.											

Anteckningar

Startperiod: .... Slutperiod: ....

Månad och år:

Ämne:

Sektion::

Uppgifter:

Elevens namn:	Anteckningar	Dag / Datum	Vecka					Vecka				
			M	T	O	T	F	M	T	O	T	F
1.												
2.												
3.												
4.												
5.												
6.												
7.												
8.												
9.												
10.												
11.												
12.												
13.												
14.												
15.												
16.												
17.												
18.												
19.												
20.												
21.												
22.												
23.												
24.												
25.												
26.												
27.												
28.												
29.												
30.												
31.												
32.												
33.												
34.												
35.												
36.												
37.												

Anteckningar

Startperiod: .... Slutperiod: ....

Månad och år:

Ämne:

Sektion::

Uppgifter:

		Vecka					Vecka				
	Dag	M	T	O	T	F	M	T	O	T	F
Elevens namn:	Anteckningar Datum										
1.											
2.											
3.											
4.											
5.											
6.											
7.											
8.											
9.											
10.											
11.											
12.											
13.											
14.											
15.											
16.											
17.											
18.											
19.											
20.											
21.											
22.											
23.											
24.											
25.											
26.											
27.											
28.											
29.											
30.											
31.											
32.											
33.											
34.											
35.											
36.											
37.											

Anteckningar

Startperiod: .... Slutperiod: ....

Månad och år:

Ämne:

Sektion::

Uppgifter:

		Vecka					Vecka				
	Dag	M	T	O	T	F	M	T	O	T	F
Elevens namn:	Anteckningar Datum										
1.											
2.											
3.											
4.											
5.											
6.											
7.											
8.											
9.											
10.											
11.											
12.											
13.											
14.											
15.											
16.											
17.											
18.											
19.											
20.											
21.											
22.											
23.											
24.											
25.											
26.											
27.											
28.											
29.											
30.											
31.											
32.											
33.											
34.											
35.											
36.											
37.											

Anteckningar

Startperiod: .... Slutperiod: ....

Månad och år:

Ämne:

Sektion::

Uppgifter:

		Vecka					Vecka				
	Dag	M	T	O	T	F	M	T	O	T	F
Elevens namn:	Anteckningar Datum										
1.											
2.											
3.											
4.											
5.											
6.											
7.											
8.											
9.											
10.											
11.											
12.											
13.											
14.											
15.											
16.											
17.											
18.											
19.											
20.											
21.											
22.											
23.											
24.											
25.											
26.											
27.											
28.											
29.											
30.											
31.											
32.											
33.											
34.											
35.											
36.											
37.											

Anteckningar

Startperiod: .... Slutperiod: ....

Månad och år:

Ämne:

Sektion::

Uppgifter:

		Vecka					Vecka				
	Dag	M	T	O	T	F	M	T	O	T	F
Elevens namn:	Anteckningar / Datum										
1.											
2.											
3.											
4.											
5.											
6.											
7.											
8.											
9.											
10.											
11.											
12.											
13.											
14.											
15.											
16.											
17.											
18.											
19.											
20.											
21.											
22.											
23.											
24.											
25.											
26.											
27.											
28.											
29.											
30.											
31.											
32.											
33.											
34.											
35.											
36.											
37.											

Anteckningar

Startperiod: .... Slutperiod: ....

Månad och år:

Ämne:

Sektion::

Uppgifter:

		Vecka					Vecka				
	Dag	M	T	O	T	F	M	T	O	T	F
Elevens namn:	Anteckningar Datum										
1.											
2.											
3.											
4.											
5.											
6.											
7.											
8.											
9.											
10.											
11.											
12.											
13.											
14.											
15.											
16.											
17.											
18.											
19.											
20.											
21.											
22.											
23.											
24.											
25.											
26.											
27.											
28.											
29.											
30.											
31.											
32.											
33.											
34.											
35.											
36.											
37.											

Anteckningar

Startperiod: .... Slutperiod: ....

Månad och år:	Uppgifter:	Vecka					Vecka				
Ämne:											
Sektion::											
	Dag	M	T	O	T	F	M	T	O	T	F
Elevens namn:	Anteckningar Datum										
1.											
2.											
3.											
4.											
5.											
6.											
7.											
8.											
9.											
10.											
11.											
12.											
13.											
14.											
15.											
16.											
17.											
18.											
19.											
20.											
21.											
22.											
23.											
24.											
25.											
26.											
27.											
28.											
29.											
30.											
31.											
32.											
33.											
34.											
35.											
36.											
37.											

Anteckningar

Startperiod: .... Slutperiod: ....

Månad och år:

Ämne:

Sektion::

Uppgifter:

		Vecka					Vecka				
	Dag	M	T	O	T	F	M	T	O	T	F
Elevens namn:	Anteckningar Datum										
1.											
2.											
3.											
4.											
5.											
6.											
7.											
8.											
9.											
10.											
11.											
12.											
13.											
14.											
15.											
16.											
17.											
18.											
19.											
20.											
21.											
22.											
23.											
24.											
25.											
26.											
27.											
28.											
29.											
30.											
31.											
32.											
33.											
34.											
35.											
36.											
37.											

Anteckningar

Startperiod: .... Slutperiod: ....

Månad och år:

Ämne:

Sektion::

Uppgifter:

		Vecka					Vecka				
	Dag	M	T	O	T	F	M	T	O	T	F
Elevens namn:	Anteckningar Datum										
1.											
2.											
3.											
4.											
5.											
6.											
7.											
8.											
9.											
10.											
11.											
12.											
13.											
14.											
15.											
16.											
17.											
18.											
19.											
20.											
21.											
22.											
23.											
24.											
25.											
26.											
27.											
28.											
29.											
30.											
31.											
32.											
33.											
34.											
35.											
36.											
37.											

Anteckningar

Startperiod: .... Slutperiod: ....

Månad och år:		Uppgifter:	Vecka					Vecka				
Ämne:												
Sektion::												
		Dag	M	T	O	T	F	M	T	O	T	F
Elevens namn:	Anteckningar	Datum										
1.												
2.												
3.												
4.												
5.												
6.												
7.												
8.												
9.												
10.												
11.												
12.												
13.												
14.												
15.												
16.												
17.												
18.												
19.												
20.												
21.												
22.												
23.												
24.												
25.												
26.												
27.												
28.												
29.												
30.												
31.												
32.												
33.												
34.												
35.												
36.												
37.												

Anteckningar

Startperiod: .... Slutperiod: ....

Månad och år:

Ämne:

Sektion::

Uppgifter:

			Vecka					Vecka				
		Dag	M	T	O	T	F	M	T	O	T	F
Elevens namn:	Anteckningar	Datum										
1.												
2.												
3.												
4.												
5.												
6.												
7.												
8.												
9.												
10.												
11.												
12.												
13.												
14.												
15.												
16.												
17.												
18.												
19.												
20.												
21.												
22.												
23.												
24.												
25.												
26.												
27.												
28.												
29.												
30.												
31.												
32.												
33.												
34.												
35.												
36.												
37.												

Anteckningar

Startperiod: .... Slutperiod: ....

Månad och år:		Uppgifter:	Vecka					Vecka				
Ämne:												
Sektion::												
		Dag	M	T	O	T	F	M	T	O	T	F
Elevens namn:	Anteckningar	Datum										
1.												
2.												
3.												
4.												
5.												
6.												
7.												
8.												
9.												
10.												
11.												
12.												
13.												
14.												
15.												
16.												
17.												
18.												
19.												
20.												
21.												
22.												
23.												
24.												
25.												
26.												
27.												
28.												
29.												
30.												
31.												
32.												
33.												
34.												
35.												
36.												
37.												

Anteckningar

Startperiod: .... Slutperiod: ....

Månad och år:

Ämne:

Sektion::

Uppgifter:

		Vecka					Vecka				
	Dag	M	T	O	T	F	M	T	O	T	F
Elevens namn:	Anteckningar Datum										
1.											
2.											
3.											
4.											
5.											
6.											
7.											
8.											
9.											
10.											
11.											
12.											
13.											
14.											
15.											
16.											
17.											
18.											
19.											
20.											
21.											
22.											
23.											
24.											
25.											
26.											
27.											
28.											
29.											
30.											
31.											
32.											
33.											
34.											
35.											
36.											
37.											

Anteckningar

Startperiod: .... Slutperiod: ....

Månad och år:

Ämne:

Sektion::

Uppgifter:

		Vecka					Vecka				
	Dag	M	T	O	T	F	M	T	O	T	F
Elevens namn:	Anteckningar Datum										
1.											
2.											
3.											
4.											
5.											
6.											
7.											
8.											
9.											
10.											
11.											
12.											
13.											
14.											
15.											
16.											
17.											
18.											
19.											
20.											
21.											
22.											
23.											
24.											
25.											
26.											
27.											
28.											
29.											
30.											
31.											
32.											
33.											
34.											
35.											
36.											
37.											

Anteckningar

Startperiod: .... Slutperiod: ....

Månad och år:

Ämne:

Sektion::

Uppgifter:

		Vecka					Vecka				
	Dag	M	T	O	T	F	M	T	O	T	F
Elevens namn:	Anteckningar Datum										
1.											
2.											
3.											
4.											
5.											
6.											
7.											
8.											
9.											
10.											
11.											
12.											
13.											
14.											
15.											
16.											
17.											
18.											
19.											
20.											
21.											
22.											
23.											
24.											
25.											
26.											
27.											
28.											
29.											
30.											
31.											
32.											
33.											
34.											
35.											
36.											
37.											

Anteckningar

Startperiod: .... Slutperiod: ....

Månad och år:		Uppgifter:	Vecka					Vecka				
Ämne:												
Sektion::												
		Dag	M	T	O	T	F	M	T	O	T	F
Elevens namn:	Anteckningar	Datum										
1.												
2.												
3.												
4.												
5.												
6.												
7.												
8.												
9.												
10.												
11.												
12.												
13.												
14.												
15.												
16.												
17.												
18.												
19.												
20.												
21.												
22.												
23.												
24.												
25.												
26.												
27.												
28.												
29.												
30.												
31.												
32.												
33.												
34.												
35.												
36.												
37.												

Anteckningar

Startperiod: .... Slutperiod: ....

Månad och år:		Uppgifter:	Vecka					Vecka				
Ämne:												
Sektion::												
		Dag	M	T	O	T	F	M	T	O	T	F
Elevens namn:	Anteckningar	Datum										
1.												
2.												
3.												
4.												
5.												
6.												
7.												
8.												
9.												
10.												
11.												
12.												
13.												
14.												
15.												
16.												
17.												
18.												
19.												
20.												
21.												
22.												
23.												
24.												
25.												
26.												
27.												
28.												
29.												
30.												
31.												
32.												
33.												
34.												
35.												
36.												
37.												

Anteckningar

Startperiod: .... Slutperiod: ....

Månad och år:	Uppgifter:	Vecka					Vecka				
Ämne:											
Sektion::											
	Dag	M	T	O	T	F	M	T	O	T	F
Elevens namn:	Anteckningar / Datum										
1.											
2.											
3.											
4.											
5.											
6.											
7.											
8.											
9.											
10.											
11.											
12.											
13.											
14.											
15.											
16.											
17.											
18.											
19.											
20.											
21.											
22.											
23.											
24.											
25.											
26.											
27.											
28.											
29.											
30.											
31.											
32.											
33.											
34.											
35.											
36.											
37.											

Anteckningar

Startperiod: .... Slutperiod: ....

Månad och år:

Ämne:

Sektion::

Uppgifter:

		Vecka					Vecka				
	Dag	M	T	O	T	F	M	T	O	T	F
Elevens namn:	Anteckningar Datum										
1.											
2.											
3.											
4.											
5.											
6.											
7.											
8.											
9.											
10.											
11.											
12.											
13.											
14.											
15.											
16.											
17.											
18.											
19.											
20.											
21.											
22.											
23.											
24.											
25.											
26.											
27.											
28.											
29.											
30.											
31.											
32.											
33.											
34.											
35.											
36.											
37.											

Anteckningar

Startperiod: .... Slutperiod: ....

Månad och år:

Ämne:

Sektion::

Uppgifter:

		Vecka					Vecka				
	Dag	M	T	O	T	F	M	T	O	T	F
Elevens namn:	Anteckningar Datum										
1.											
2.											
3.											
4.											
5.											
6.											
7.											
8.											
9.											
10.											
11.											
12.											
13.											
14.											
15.											
16.											
17.											
18.											
19.											
20.											
21.											
22.											
23.											
24.											
25.											
26.											
27.											
28.											
29.											
30.											
31.											
32.											
33.											
34.											
35.											
36.											
37.											

Anteckningar

Startperiod: .... Slutperiod: ....

Månad och år:

Ämne:

Sektion::

Uppgifter:

		Vecka					Vecka				
	Dag	M	T	O	T	F	M	T	O	T	F
Elevens namn:	Anteckningar Datum										
1.											
2.											
3.											
4.											
5.											
6.											
7.											
8.											
9.											
10.											
11.											
12.											
13.											
14.											
15.											
16.											
17.											
18.											
19.											
20.											
21.											
22.											
23.											
24.											
25.											
26.											
27.											
28.											
29.											
30.											
31.											
32.											
33.											
34.											
35.											
36.											
37.											

Anteckningar

Startperiod: .... Slutperiod: ....

Månad och år:

Ämne:

Sektion::

Uppgifter:

Elevens namn:	Anteckningar	Vecka					Vecka				
	Dag	M	T	O	T	F	M	T	O	T	F
	Datum										
1.											
2.											
3.											
4.											
5.											
6.											
7.											
8.											
9.											
10.											
11.											
12.											
13.											
14.											
15.											
16.											
17.											
18.											
19.											
20.											
21.											
22.											
23.											
24.											
25.											
26.											
27.											
28.											
29.											
30.											
31.											
32.											
33.											
34.											
35.											
36.											
37.											

Anteckningar

Startperiod: .... Slutperiod: ....

Månad och år:

Ämne:

Sektion::

Uppgifter:

Elevens namn:	Anteckningar	Vecka					Vecka				
	Dag	M	T	O	T	F	M	T	O	T	F
	Datum										
1.											
2.											
3.											
4.											
5.											
6.											
7.											
8.											
9.											
10.											
11.											
12.											
13.											
14.											
15.											
16.											
17.											
18.											
19.											
20.											
21.											
22.											
23.											
24.											
25.											
26.											
27.											
28.											
29.											
30.											
31.											
32.											
33.											
34.											
35.											
36.											
37.											

Anteckningar

Startperiod: .... Slutperiod: ....

Månad och år:		Uppgifter:	Vecka					Vecka				
Ämne:												
Sektion::												
		Dag	M	T	O	T	F	M	T	O	T	F
Elevens namn:	Anteckningar	Datum										
1.												
2.												
3.												
4.												
5.												
6.												
7.												
8.												
9.												
10.												
11.												
12.												
13.												
14.												
15.												
16.												
17.												
18.												
19.												
20.												
21.												
22.												
23.												
24.												
25.												
26.												
27.												
28.												
29.												
30.												
31.												
32.												
33.												
34.												
35.												
36.												
37.												

Anteckningar

Startperiod: .... Slutperiod: ....

Månad och år:

Ämne:

Sektion::

Uppgifter:

		Vecka					Vecka				
	Dag	M	T	O	T	F	M	T	O	T	F
Elevens namn:	Anteckningar Datum										
1.											
2.											
3.											
4.											
5.											
6.											
7.											
8.											
9.											
10.											
11.											
12.											
13.											
14.											
15.											
16.											
17.											
18.											
19.											
20.											
21.											
22.											
23.											
24.											
25.											
26.											
27.											
28.											
29.											
30.											
31.											
32.											
33.											
34.											
35.											
36.											
37.											

Anteckningar

Startperiod: .... Slutperiod: ....

Månad och år:

Ämne:

Sektion::

		Uppgifter:	Vecka					Vecka				
		Dag	M	T	O	T	F	M	T	O	T	F
Elevens namn:	Anteckningar	Datum										
1.												
2.												
3.												
4.												
5.												
6.												
7.												
8.												
9.												
10.												
11.												
12.												
13.												
14.												
15.												
16.												
17.												
18.												
19.												
20.												
21.												
22.												
23.												
24.												
25.												
26.												
27.												
28.												
29.												
30.												
31.												
32.												
33.												
34.												
35.												
36.												
37.												

Anteckningar

Startperiod: .... Slutperiod: ....

Månad och år:

Ämne:

Sektion::

Uppgifter:

		Vecka					Vecka				
	Dag	M	T	O	T	F	M	T	O	T	F
Elevens namn:	Anteckningar / Datum										
1.											
2.											
3.											
4.											
5.											
6.											
7.											
8.											
9.											
10.											
11.											
12.											
13.											
14.											
15.											
16.											
17.											
18.											
19.											
20.											
21.											
22.											
23.											
24.											
25.											
26.											
27.											
28.											
29.											
30.											
31.											
32.											
33.											
34.											
35.											
36.											
37.											

Anteckningar

Startperiod: .... Slutperiod: ....

Månad och år:

Ämne:

Sektion::

Uppgifter:

		Vecka					Vecka				
	Dag	M	T	O	T	F	M	T	O	T	F
Elevens namn:	Anteckningar Datum										
1.											
2.											
3.											
4.											
5.											
6.											
7.											
8.											
9.											
10.											
11.											
12.											
13.											
14.											
15.											
16.											
17.											
18.											
19.											
20.											
21.											
22.											
23.											
24.											
25.											
26.											
27.											
28.											
29.											
30.											
31.											
32.											
33.											
34.											
35.											
36.											
37.											

Anteckningar

Startperiod: .... Slutperiod: ....

Månad och år:

Ämne:

Sektion::

Uppgifter:

		Vecka					Vecka				
	Dag	M	T	O	T	F	M	T	O	T	F
Elevens namn:	Anteckningar Datum										
1.											
2.											
3.											
4.											
5.											
6.											
7.											
8.											
9.											
10.											
11.											
12.											
13.											
14.											
15.											
16.											
17.											
18.											
19.											
20.											
21.											
22.											
23.											
24.											
25.											
26.											
27.											
28.											
29.											
30.											
31.											
32.											
33.											
34.											
35.											
36.											
37.											

Anteckningar

Startperiod: .... Slutperiod: ....

Månad och år:

Ämne:

Sektion::

Uppgifter:

Elevens namn:	Anteckningar	Vecka					Vecka				
	Dag	M	T	O	T	F	M	T	O	T	F
	Datum										
1.											
2.											
3.											
4.											
5.											
6.											
7.											
8.											
9.											
10.											
11.											
12.											
13.											
14.											
15.											
16.											
17.											
18.											
19.											
20.											
21.											
22.											
23.											
24.											
25.											
26.											
27.											
28.											
29.											
30.											
31.											
32.											
33.											
34.											
35.											
36.											
37.											

Anteckningar

Startperiod: .... Slutperiod: ....

Månad och år:

Ämne:

Sektion::

Uppgifter:

		Vecka					Vecka				
	Dag	M	T	O	T	F	M	T	O	T	F
Elevens namn:	Anteckningar Datum										
1.											
2.											
3.											
4.											
5.											
6.											
7.											
8.											
9.											
10.											
11.											
12.											
13.											
14.											
15.											
16.											
17.											
18.											
19.											
20.											
21.											
22.											
23.											
24.											
25.											
26.											
27.											
28.											
29.											
30.											
31.											
32.											
33.											
34.											
35.											
36.											
37.											

Anteckningar

Startperiod: .... Slutperiod: ....

Månad och år:

Ämne:

Sektion::

Uppgifter:

		Vecka					Vecka				
	Dag	M	T	O	T	F	M	T	O	T	F
Elevens namn:	Anteckningar Datum										
1.											
2.											
3.											
4.											
5.											
6.											
7.											
8.											
9.											
10.											
11.											
12.											
13.											
14.											
15.											
16.											
17.											
18.											
19.											
20.											
21.											
22.											
23.											
24.											
25.											
26.											
27.											
28.											
29.											
30.											
31.											
32.											
33.											
34.											
35.											
36.											
37.											

Anteckningar

Startperiod: .... Slutperiod: ....

Månad och år:

Ämne:

Sektion::

		Uppgifter:									
			Vecka					Vecka			
		Dag	M	T	O	T	F	M	T	O	T	F
Elevens namn:	Anteckningar	Datum										
1.												
2.												
3.												
4.												
5.												
6.												
7.												
8.												
9.												
10.												
11.												
12.												
13.												
14.												
15.												
16.												
17.												
18.												
19.												
20.												
21.												
22.												
23.												
24.												
25.												
26.												
27.												
28.												
29.												
30.												
31.												
32.												
33.												
34.												
35.												
36.												
37.												

Anteckningar

Startperiod: .... Slutperiod: ....

Månad och år:

Ämne:

Sektion::

Uppgifter:

		Vecka					Vecka				
	Dag	M	T	O	T	F	M	T	O	T	F
Elevens namn:	Anteckningar Datum										
1.											
2.											
3.											
4.											
5.											
6.											
7.											
8.											
9.											
10.											
11.											
12.											
13.											
14.											
15.											
16.											
17.											
18.											
19.											
20.											
21.											
22.											
23.											
24.											
25.											
26.											
27.											
28.											
29.											
30.											
31.											
32.											
33.											
34.											
35.											
36.											
37.											

Anteckningar

Startperiod: .... Slutperiod: ....

Månad och år:

Ämne:

Sektion::

Uppgifter:

		Vecka					Vecka				
	Dag	M	T	O	T	F	M	T	O	T	F
Elevens namn:	Anteckningar Datum										
1.											
2.											
3.											
4.											
5.											
6.											
7.											
8.											
9.											
10.											
11.											
12.											
13.											
14.											
15.											
16.											
17.											
18.											
19.											
20.											
21.											
22.											
23.											
24.											
25.											
26.											
27.											
28.											
29.											
30.											
31.											
32.											
33.											
34.											
35.											
36.											
37.											

Anteckningar

Startperiod: .... Slutperiod: ....

Månad och år:

Ämne:

Sektion::

Uppgifter:

		Vecka					Vecka				
	Dag	M	T	O	T	F	M	T	O	T	F
Elevens namn:	Anteckningar / Datum										
1.											
2.											
3.											
4.											
5.											
6.											
7.											
8.											
9.											
10.											
11.											
12.											
13.											
14.											
15.											
16.											
17.											
18.											
19.											
20.											
21.											
22.											
23.											
24.											
25.											
26.											
27.											
28.											
29.											
30.											
31.											
32.											
33.											
34.											
35.											
36.											
37.											

Anteckningar

Startperiod: .... Slutperiod: ....

Månad och år:		Uppgifter:	Vecka					Vecka				
Ämne:												
Sektion::												
		Dag	M	T	O	T	F	M	T	O	T	F
Elevens namn:	Anteckningar	Datum										
1.												
2.												
3.												
4.												
5.												
6.												
7.												
8.												
9.												
10.												
11.												
12.												
13.												
14.												
15.												
16.												
17.												
18.												
19.												
20.												
21.												
22.												
23.												
24.												
25.												
26.												
27.												
28.												
29.												
30.												
31.												
32.												
33.												
34.												
35.												
36.												
37.												

Anteckningar

www.ingramcontent.com/pod-product-compliance
Lightning Source LLC
Chambersburg PA
CBHW081624100526
44590CB00021B/3585
* 9 7 8 1 8 0 3 8 4 6 2 1 7 *